1911 Décembre 8

VENTE

des Vendredi 8 et Samedi 9 Décembre 1911

HOTEL DROUOT — SALLE N° 6

A 2 HEURES

EXPOSITION PUBLIQUE

Le Jeudi 7 Décembre 1911

DE 2 HEURES A 6 HEURES

PRÉCIEUX TAPIS DE PERSE

DES

XVIe, XVIIe et XVIIIe Siècles

Tapisseries d'Aubusson, Étoffes anciennes

MEUBLES & OBJETS D'ART

ANCIENS ET DE STYLE

TABLEAUX

Dessins — Gouaches — Pastels — Gravures

Mr Gaston FRANÇOIS

COMMISSAIRE-PRISEUR

M. Arthur BLOCHE

EXPERT PRÈS LA COUR D'APPEL

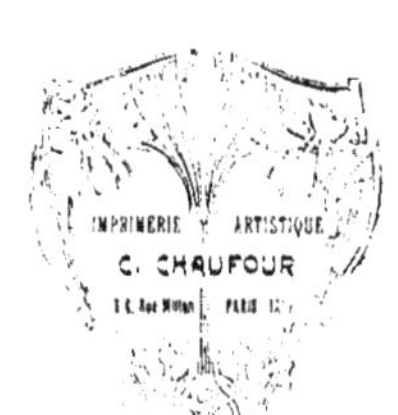
IMPRIMERIE ARTISTIQUE
C. CHAUFOUR

CATALOGUE

DES

PRÉCIEUX TAPIS de PERSE

des XVIe, XVIIe et XVIIIe Siècles

Centonnières et Portières d'Aubusson, Étoffes, Toiles de Jouy

MEUBLES ANCIENS & DE STYLE

Armoires flamande et hollandaise

COMMODES, SECRÉTAIRE, CONSOLES, TABLES
SIÈGES DIVERS, GRANDE TOILETTE, LIT, BAHUT, CABINET
GLACES, BUREAU DE DAME

Statue en marbre grandeur nature : *Phyrné*, de CAMPAGNE

BRONZES D'ART & D'AMEUBLEMENT DE CROZATIER

de DELABRIÈRE, ANGLÈS et CRAKOWSKI

PORCELAINES — FAIENCES — ARGENTERIE — BIJOUX

TABLEAUX

PASTELS, GOUACHES, DESSINS, GRAVURES

DONT LA VENTE AURA LIEU

HOTEL DROUOT — SALLE N° 6

Les Vendredi 8 et Samedi 9 Décembre 1911

A 2 HEURES

Me GASTON FRANÇOIS
COMMISSAIRE-PRISEUR
23, Rue Le Peletier, 23

M. ARTHUR BLOCHE
EXPERT PRÈS LA COUR D'APPEL
21, Boulevard Haussmann, 21

CHEZ LESQUELS SE DISTRIBUE LE PRÉSENT CATALOGUE

EXPOSITION PUBLIQUE

Le Jeudi 7 Décembre 1911, de 2 heures à 6 heures

CONDITIONS DE LA VENTE

La vente sera faite au comptant.

Les adjudicataires paieront *dix pour cent* en sus des enchères.

L'exposition mettant le public à même de se rendre compte de l'état et de la nature des objets, il ne sera admis aucune réclamation une fois l'adjudication prononcée.

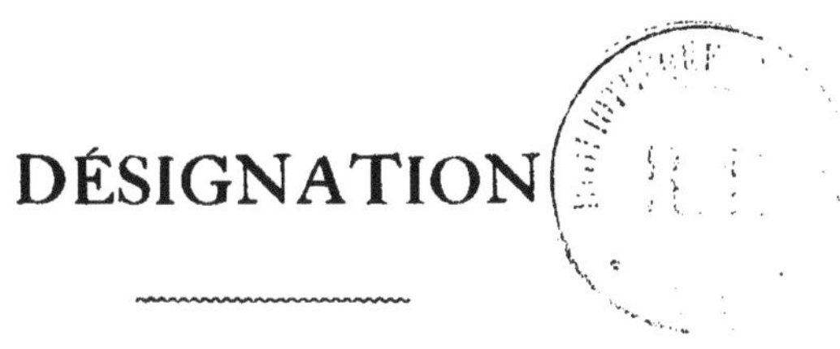

DÉSIGNATION

TAPIS ANCIENS

DE PERSE ET D'ORIENT

ÉTOFFES

1 — Tapis persan du XVIe siècle, décor fond vieux rose à grandes fleurs et palmes, quadrillé à fleurs blanches, bordure fond bleu à dessin polychrome. Pièce rare.

Larg. : 4m50; Haut. : 3m50.

2 — Tapis du XVIe siècle fond rouge à médaillons bleus et dessins de couleurs variées.

3 — Petit tapis du XVIe siècle, fond rouge, bordure large et claire, dessin polychrome.

4 — Petit tapis sultan medjid (gheurdès), fond jaune, festons en couleur.

5 — Tapis de prière Koula, centre rouge, contre fond vert à petits dessins, bordure à rayures, XVIe siècle.

6 — Tapis de prière Koula fond brun, dessin portail de mosquée, XVIIe siècle.

7 — Tapis de prière fond rouge, dessin portail de mosquée, bordure à petits dessins,

8 — Tapis de prière fond gros bleu, dessin à portique.

9 — Tapis de soie fond maïs, dessin à portail de mosquée.

10 — Tapis de prière, dessin polychrome, centre archaïque fond rouge.

11 — Grand tapis fond rouge à encadrement polychrome.

12 — Tapis de prière à dessin européen polychrome fond or.

13 — Tapis de prière fond rouge, bordure noire.

14 — Petit tapis de galerie persan à encadrement et dessin polychrome.

15 — Tapis de galerie persan à dessin polychrome.

16 — Ancien tapis du Maroc à médaillon central et bordure polychrome.

Long. : 5m; Larg. : 2m15.

17 — Petit tapis persan à médaillon central fond beige avec encadrement.

18 — Tapis galerie persan, fond bleu, bordure polychrome.

19 — Tapis galerie persan fond rouge, bordure polychrome.

20 — Tapis galerie persan, dessin et bordure polychrome.

21 — Ancien tapis persan à médaillon rectangulaire, bordure polychrome.

22 — Ancien tapis indien fond rouge, encadrement orné de fleurs mauves.

Long. : 4m10; Larg. : 3m10.

23 — Ancien tapis persan fond bleu, dessin rouge, encadrement polychrome.

Long. : 4m70 ; Larg. : 3m30.

24 — Ancien tapis de Smyrne fond rose à médaillon central, encadré d'une bordure polychrome.

Long. : 4m40 ; Larg. : 3m09.

25 — Ancien tapis de Smyrne fond vert clair, dessin polychrome et encadré d'une bordure même dessin.

Long. : 3m70 ; Larg. : 2m50.

26 — Tapis persan fond rouge à médaillon central, bordure polychrome (restauré).

Long. : 2m90 ; Larg. : 2m.

27 à 33 — Sept tapis d'Orient à dessins variés.

34 — Ancien tapis de Perse à dessins polychromes.

35 — Tapis de table fond blanc brodé de fleurs et d'ornements polychromes, avec médaillon central garni de franges.

36 — Petit tapis étoffe persane à palmettes, fond or, bordure à dessins d'oiseaux et fleurs.

37 — Deux petits tapis d'étoffe persane à dessins polychromes.

38 — Trois morceaux de velours oriental, dessins variés.

Sera divisé.

39 à 41 — Trois tapis à décor polychrome.

42 — Tapis d'Aubusson à fleurs et ornements.

43 — Tapis de table étoffe rouge, brodé de dessins à ornements et oiseaux polychromes.

44 — Morceau de soierie à palmettes, brodées d'or.

45 — Petit tapis brodé de fleurs argent et or sur fond rouge, bordure blanche et fleurs polychromes.

46 — Coupe de soierie fond rouge à palmettes brodées d'argent, servant à couvrir un canapé oriental.

47 — Deux carrés d'étoffe persane à dessins polychromes, brodés d'or.

48 — Trois cantonnières en tapisserie d'Aubusson, dessin fleuri.

Haut. : 3m30 ; Larg. : 1m85.

49 — Deux portières en tapisserie d'Aubusson, dessin fleuri.

Haut. : 3m10 ; Larg. : 1m15.

50 — Quatre bandeaux en broderie et filet à personnages, animaux et ornements.

Sera divisé.

51 — Quatre bandeaux en filet ancien, à dessin d'ornements.

52-54 — Trois châles de l'Inde.

55-57 — Trois coupes de soieries lammées.

58 — Portière en soie et coton.

58 *bis* — Grande tenture en toile de Jouy, dessin rouge à oiseaux et fleurs, encadrée d'une bordure de soie verte.

59 — Jacquette en astrakan, doublée de soie.

60 — Grand couvre-lit composé de carrés de broderie et filet.

61 — Store en toile brodée.

62 — Grand couvre lit en satin bleu clair, brodé de soies de couleurs, et garni de frange.

63 — Morceau de toile de Jouy.

64 — Couvre lit en soie bleu foncé avec volant rouge.

65 — Gilet en soie Louis XIV.

66 — Gilet de soie brodé de fleurettes, Louis XV.

67 — Bandeau de toile aux fils tirés.

68 — Bandeau de toile aux fils tirés, et broderie.

69 — Dalmatique en soie, Louis XIV.

70-72 — Deux dessus de coussins, deux petits tapis, une petite portière.

73 — Grand tapis de table brodé de rayures et dessins multicolores.

74 — Etole fourrure formée de deux renards Sika.

75 — Zibeline formée de trois peaux.

76 — Manchon en renard Sika.

77 — Sujet religieux, tableau broderie de soie au passé.

78 — Reine de France, tableau en broderie de soie au passé.

79 — La Bénédiction de l'Évêque. Tableau en broderie de soie au passé, cadre bois sculpté, époque Louis XIV.

MEUBLES

80 — Armoire-bahut hollandaise à une porte en bois sculpté.

81 — Buffet à deux corps, en noyer ciré, de style Renaissance.

82 — Grande toilette ouvrant à deux portes avec rangée de tiroirs en bois de palissandre, ornée de bronzes dorés. Époque Louis XIV. Dessus et étagère en marbre.

83 — Commode à trois rangs de tiroirs en bois d'acajou, garnie de cuivre poli; dessus en marbre avec galerie. Époque Louis XVI.

84 — Secrétaire à abattant, formant chiffonnier semblable et même époque.

85 — Petit canapé en bois sculpté et doré, foncé de canne; dessus à coussin et têtière en soie brochée, dessin à corbeilles fleuries.

86 — Petite table gigogne à quatre compartiments en noyer, dessin gravé et doré.

87 — Meuble à étagère en bois laqué gris et foncé de canne. Style XVIIIe siècle.

88 — Toilette en pitchpin, dessus en marbre blanc.

89 — Petit canapé canné, en bois doré sculpté, garni de coussins et têtière en soie bleue.

90 — Bergère cannée à oreilles, en bois sculpté et doré, recouverte de soierie à rayures; coussin en plumes.

91 — Banquette cannée, en bois doré, de style Louis XVI.

92 — Bergère de style Louis XVI en bois naturel sculpté, garnie de soierie à ramages et à rayures; coussin en plumes.

93 — Lit de style Louis XVI, forme corbeille, en bois sculpté et laqué, fond canné, et son sommier.

94 — Deux selettes de chevêt à entrejambes cannées, en bois laqué de style Louis XVI, formant tables de nuit.

95 — Armoire ancienne en bois sculpté, style flamand, ouvrant à deux et à rangée de tiroirs.

96 — Guéridon rond à quatre pieds, dessus en marqueterie orné de bronzes.

97 — Grande table d'antichambre en bois sculpté à deux tiroirs.

98 — Grand coffre d'antichambre en bois sculpté avec ferrures.

99 — Petit meuble cabinet en marqueterie, avec portes offrant des personnages, tiroirs à l'intérieur en bois laqué, décoré de fleurs.

100 — Petit meuble en bois sculpté à quatre tiroirs.

101 — Coffre en bois sculpté gothique.

102 — Armoire Louis XVI bois de rose.

102 *bis* — Meuble de style Renaissance à deux corps, en chêne ciré. Le corps du bas est ouvert, et le corps du haut ferme à deux portes et présente sur le fronton une étagère fermant à glissière.

103 — Commode en bois de placage Louis XVI.

104 — Bahut demi lune en bois de rose Louis XVI.

105 — Chaise longue Empire à col de cygne.

106-107 — Deux bergères Louis XVI.

108 — Tricotteuse à trois plateaux satiné.

109 — Petit lit ancien à col de cygne.

110 — Quatre vases bois sculpté.

111 — Petite table laquée.

112 — Console Louis XVI acajou, bois de rose.

113 — Petit chiffonnier bois de rose Louis XVI

114 — Glace espagnole.

115 — Pannetière bretonne. Époque Louis XVI.

116 — Bureau de dame en palissandre orné de bronzes. Style Louis XV.

117 — Six chaises cannées noyer sculpté de salle à manger.

118 — Grande glace, cadre en bois sculpté et doré, à quatre figures d'anges et aigle au fronton.

119 — Table bouillotte à dessus de marbre et galerie de cuivre. Style Louis XVI.

120 — Paravent à trois feuilles, style Louis XV, en bois sculpté et doré, garni d'étoffe rayée, orné de glaces biseautées et d'une gravure en couleurs.

121 — Paravent à six feuilles en bois laqué, garni d'étoffe à rayures.

122-123 — Deux petites tables à bridge en noyer.

124 — Petite table de style Louis XVI en acajou à trois tiroirs, dessus de marbre et galerie de cuivre avec tablette d'entrejambes.

125 — Grande glace, cadre en noyer sculpté.

126 — Chaise fumeuse recouverte en tapisserie.

127 — Glace carrée, cadre doré à fronton.

128-132 — Meubles de fantaisie.

133 — Buflet en chêne sculpté.

134 — Bureau en chêne.

135 — Tabouret de piano.

136 — Deux chaises palissandre.

137 — Toilette en palissandre avec glace.

138 — Porte-parapluies en chêne.

OBJETS D'ART

139 — Statue marbre grandeur nature : *Phryné*. Signée CAMPAGNE.

140 — Buste de Diane en marbre blanc.

141 — Garniture de cheminée : pendule et candélabres en bronze doré, faunes et bacchantes d'après CLODION. Socle de la pendule en marbre noir. De CROZATIER.

142 — Pendule et candélabres en bronze doré : enfants. Style Louis XV. De CROZATIER.

143 — Lustre en bronze doré avec pendeloques en cristal taillé. Style Louis XV. De CROZATIER.

144 — Lustre en bronze doré. Style Louis XV. De CROZATIER.

145 — Deux appliques en bronze doré, modèle enfants. De CROZATIER.

146 — Devant de feu en bronze doré. Style Louis XV. De CROZATIER.

147 — Devant de feu en bronze. De CROZATIER.

148 — Paire de lampes en porcelaine de Sèvres et bronze doré formant roses, avec couvercles. De CROZATIER.

149 — Figurine bronze antique ou XVIe siècle, dit le Belvair, sur socle en marbre.

150 — Buste de femme en marbre dans le goût du XVIIIe siècle.

151 — Buste de femme en marbre.

152 — Deux figurines en porcelaine d'Allemagne: Joueur de biniou et Joueuse de vielle.

153 — Deux figurines en porcelaine d'Allemagne : Petit jardinier et Petite jardinière.

154 — Plat rond et creux en vieux Chine, décor rehaussé d'or à la jardinière fleurie suspendue.

155 — Soupière en terre de pipe. Style Louis XVI.

156 — Deux petits pots à fleurs en porcelaine décorée.

157 — Deux petits oiseaux en porcelaine d'Allemagne.

158 — Deux perruches en porcelaine d'Allemagne.

159 — Deux vases en porcelaine genre de Sèvres gros bleu, décorés de scènes pastorales et garnis de bronzes dorés.

160 — Verseuse et sucrier de style Empire en porcelaine, décorés de paysages.

161 — Plaque ronde en porcelaine blanche italienne, représentant une bataille.

162 — Vasque en porcelaine de Chine, décor de fleurs.

163 — Grand pot à couvercle faïence décorée Louis XIV : chasseur.

164 — Grand vase faïence décorée à écussons. Louis XIV.

165 — Grande cruche faïence décorée : courses de taureaux.

166 — Assiette en faïence italienne à sujet guerrier.

167 — Assiette à reflets métalliques, décor oiseau.

168 — Jardinière en faïence de Talavera, décor à feuillages et animaux.

169 — Jardinière en faïence, décor bleu.

170 — Grande soupière forme Louis XV en faïence décorée de fleurs.

171 — Lot d'assiettes en faïence décorée.

172 — Groupe de singes jouant de la musique, en porcelaine d'Allemagne.

173 — Coupe persane en bronze gravé.

174 — Trois couvertures de livres en laque de Perse et cuir.

175 — Miroir persan en laque, orné d'une miniature.

176 — Deux vitraux représentant des personnages et des ornements.

177 — Grand vase en cuivre rouge massif avec couvercle.

178 — Bouillotte en cuivre rouge et doré. Epoque Empire.

178 *bis* — Baignoire ancienne en cuivre, reposant sur un socle en bois sculpté.

179 — Pendule en bronze doré. XVIIIe siècle.

179 *bis* — Horloge en bois sculpté. Epoque Louis XIV.

180 — Brasero en cuivre rouge massif martelé.

181 — Pendule style Louis XIV en marqueterie genre Boule.

182 — Glace triptyque, monture en bronze doré, orné d'une plaque en ivoire sculpté.

183 — Deux bouts de table de style renaissance en métal argenté, représentant deux dauphins enlacés.

184 — Pendule d'époque Empire en bronze doré, et deux candélabres.

185 — Pendule et deux flambeaux de style Louis XVI, en marbre blanc et bronze doré.

186 — Grande pendule de forme monumentale en bois de rose marqueté, garnie de cariatides en bronze et surmontée d'une « Renommée ».

187 — Suspension en bronze, montée pour l'électricité, avec abat-jour rose.

188 — Grand groupe en bronze patiné, signé : Anglès, intitulé « Idylle » et représentant un petit berger jouant du pipeau.

189 — Groupe en bronze vert, signé : Delabrierre. « Picadore et taureau ».

190 — Deux groupes en bronze patiné d'après Clodion, « L'enfance de Bacchus ».

191 — Groupe en bronze d'après Clodion, « Nymphe et Satyre ».

192 — Char romain en bronze, attelé de deux chevaux, socle en marbre.

193 — Groupe en bronze vert, signé : Crakowski, « Lion et lionne chassant ».

194 — Bronze signé : Crakowski, « Éléphant ».

195 — Bronze signé : Delabrierre, « Lionne ».

196 — Petit groupe d'amours en bronze, d'après Clodion.

197 — Deux vases en porcelaine verte, garnis d'ornements de bronze de style Louis XVI.

198 — Boîte d'époque Louis XIV en bois peint à dessins dorés.

199 — Cinquante assiettes porcelaine chiffrées. Trois compotiers. Deux saucières. Plat ovale. Lot de verres à Bordeaux et à liqueurs. Pot genre biscuit.

199 *bis* — Bas-Relief : Le Massacre des Innocents provenant du château de Chambord.

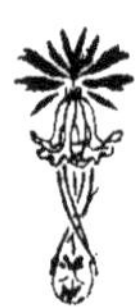

ARGENTERIE, OBJETS DE VITRINE

200 — Service à découper, service à salade, service à hors-d'œuvre, et pelle à gâteaux en argent, en écrin.

201 — Deux petits carafons à liqueurs, garnis d'argent.

202 — Perroquet en argent doré, sur un perchoir.

203 — Petit flacon à sels en jade vert, bouchon en argent.

204 — Porte mine en cuivre monture or.

205 — Boule en or s'ouvrant et contenant un cachet en pierre dure.

206 — Chaîne giletière formée de sphynx en argent et or, et de scarabés en pierres dures sculptées.

207 — Grand peigne espagnol en corne sculptée.

208 — Lorgnette de fantaisie.

209 — Deux fusils.

210 — Fusil de chasse, calibre 16 genre hammerlen.

210 *bis* — Fusil de chasse, calibre 12 à percussion centrale.

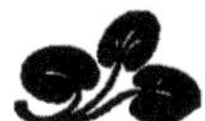

TABLEAUX

211 — ALLEGRI dit le CORRÈGE (D'après). Le Sommeil d'Antiope.

212 — AMÉRIGO. Paysage de l'Amérique du Sud.

213 — CORRÈGE (D'après le). Mendiant.

214 — COURTOIS dit le *Bourguignon*. Choc de cavalerie.

215 — DELESTRE (Eugéne). Effet de Neige.

216 — FRAGONARD (D'après). Vieillard.

217 — FRÈRE (Ed.). Intérieur de cour.

218 — GREUZE (D'après). Jeune fille coiffé d'un bonnet.

219 — GREUZE (D'après). Jeune fille.

220 — LATOUR (D'après). Madame de Pompadour en bergère. Bordure dorée ancienne.

221 — MEYRET. Paysage.

222 — MICHEL. Paysage.
Signé.

223 — MILLET (D'après). Les Glaneuses.

224 — MORIN. Paysage.

225 — REMBRANDT (D'après). Tête d'homme.

226 — TAUPIN. Mausolée.

227-228 — TÉNIERS (D'après). Scènes d'intérieur.

Deux tableaux.

229 — LE TITIEN (D'après). Femme et Amour.

230 — ECOLE ANCIENNE. Sujet religieux.

Peinture sur cuivre.

231 — ECOLE FRANÇAISE. Femme en extase.

232 — ECOLE FRANÇAISE. Portrait de femme coiffée d'un grand chapeau.

233 — ECOLE FRANÇAISE. Fillette aux cheveux châtains.

234 — ECOLE FRANÇAISE. Scène allégorique.

235 — ECOLE ANCIENNE. La Montée au Calvaire.

236 — ECOLE FRANÇAISE. Vieillard lisant.

237 — ECOLE FRANÇAISE. Le Triomphe de la Moisson.

238 — ECOLE FRANÇAISE. Nature morte.

239 — ECOLE FRANÇAISE. Profil de jeune femme appuyée sur la main.

Pastel.

240 — ECOLE FRANÇAISE. Jeune femme coiffure Louis XV.

Pastel.

241 — ECOLE FRANÇAISE. J.-J. Rousseau.

Pastel.

242 — ECOLE FRANÇAISE. Petite tête de femme encadrée.

243 — ÉCOLE FRANÇAISE. Jeune Bergère endormie.
Gouache ancienne.

244 — ÉCOLE FRANÇAISE. Bélier dans une prairie.
Cadre Empire.

245 — ÉCOLE FRANÇAISE. Chevaux dans une écurie.

246 — ÉCOLE FRANÇAISE. Jeune fille.

247-248 — ÉCOLE FRANÇAISE. Scènes religieuses.
Deux peintures sur cuivre.
Cadres en bois sculpté.

249 — ECOLE FLAMANDE. Le Christ en croix et les saintes femmes.

250 — ECOLE MODERNE. Marine.

251 — ECOLE MODERNE. La Noyade.

252 — SUNGER. Deux pastels : Vue de parc et paysage.

253 — VAN WYCK. Marine.

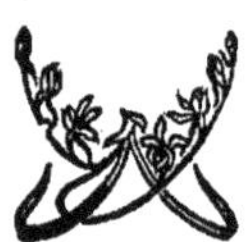

GOUACHES, DESSINS

254 — VAN DER MEULEN (Genre de). Chasse à courre.

Gouache.

255 — VERNET (École de JOSEPH). Environs de Gênes avec personnages animés.

Gouache.

256 — ÉCOLE ANCIENNE. Le Départ pour le marché.

Gouache.

257 — ÉCOLE FRANÇAISE. Danaé.

Sépia, baguette dorée.

258 — ÉCOLE FLAMANDE. Kermesse.

Gouache.

GRAVURES

259 — BOILLY (D'après). Ah! Qu'il est sot!

Gravure en couleur.

260 — FRAGONARD (D'après). Le Baiser à la dérobée.

Gravure en couleur.

261 — Adam et Ève.

Gravure encadrée.

262 — Petite gravure avec cadre.

263 — Le Christ.

Gravure cadre bois sculpté.

264 — Deux gravures : Scènes familiales.

265 — Quatre petites gravures de mode encadrées.

266 — Sept aquarelles, signées CAUFFMAN

267 — POLIDORE (Attribués à). Deux dessins à la plume gouachés.

268 — ÉCOLE FRANÇAISE. Portrait d'un jurisconsulte.

Dessin aux trois crayons sur parchemin.

269 — Lot de dessins, croquis, gouaches, pastels, sépias et esquisses.

FAIENCES ET PORCELAINES

BIJOUX ET OBJETS D'ART ORIENTAUX

270 — Très grand plat chinois, décoré de personnages et de paysages.

271 — Grande potiche chinoise, ancienne, décor bleu, fleurs et fruits.

272 — Assiette en ancienne faïence décorée, représentant une pagode.

273 — Vase chinois, en porcelaine, décoré de chimères bleues sur fond blanc.

274 — Deux grandes coupes de chine bleu foncé, dessin doré, à l'intérieur fond blanc décoré de fleurs rouges.

275 — Grand plat en porcelaine de chine, bleu décoré d'un paysage d'animaux et de fleurs, bords ornés de médaillons en relief.

276 — Grand vase avec couvercle et anse porcelaine bleue et or à inscriptions turques sur la panse.

277 — Pendentif en or en forme d'oiseau, style Byzantin, orné de perles et de pierreries.

278 — Paire de pendants d'oreilles en or émaillé forme éventail, ornés de perles et pierreries.

279 — Pendentif en or, décoré d'un portrait de femme en émail, au revers perdrix et bouquets de fleurs.

280 — Paire de pendants d'oreilles en or forme coupole à franges d'or et de perles.

281 — Pendentif en or, décoré d'un portrait orné de fleurs et d'oiseaux, au revers bouquet sur fond bleu turquoise.

282 — Pendants d'oreilles en or à triples clochettes, à franges de perles agrémenté d'un motif filigrané.

283 — Pendentif en or avec portrait, encadré de palmes vertes, au revers bouquet de fleurs et oiseaux.

284 — Boucles d'oreilles en or, doubles clochettes, décorées de fleurs, frangées de perles et sequins.

285 — Coupe munie de son couvercle, émaillé rouge, décorée de fleurs, quadrillage doré et armature de cuivre.

286 — Plat turc émaillé, décoré de roses sur fond jaune, encadrement de bronze ciselé et doré.

287 — Objets omis.

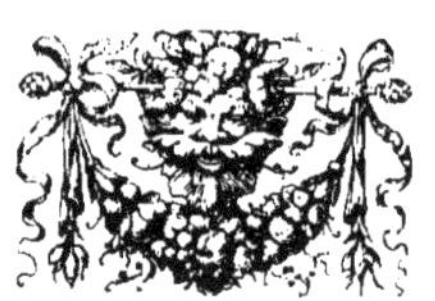

www.ingramcontent.com/pod-product-compliance
Ingram Content Group UK Ltd.
Pitfield, Milton Keynes, MK11 3LW, UK
UKHW022145260726
13993UKWH00005B/2168